BOEKANALYSE

AF156553

On the road
· ·

JACK KEROUAC

BOEKANALYSE

Geschreven door Maël Tailler
Vertaald door Nikki Claes

On the road

JACK KEROUAC

JACK KEROUAC

AMERIKAANSE SCHRIJVER

- **Geboren in Lowell, Massachussetts in 1922.**
- **Overleden in St. Petersburg, Florida in 1969**
- **Opmerkelijke werken:**
    - *On the Road* (1957), roman
    - *Mexico City Blues* (1959), gedicht
    - *Desolation Angels* (1965), roman

Jack Kerouac werd in 1922 geboren in Lowell, Massachusetts. Jean-Louis Kerouac (zijn geboortenaam) werd geboren in een bescheiden familie van Franstalige Canadezen en werd samen met William Burroughs en Allen Ginsberg een van de grootste schrijvers van de Beat-generatie.

Zijn romans (*The Dharma Bums*, 1958; *Lonesome Traveller*, 1960; *Big Sur*, 1962) vertellen over zijn reizen door de Verenigde Staten bekritiseren de Amerikaanse manier van leven. Slecht aangepast aan de verstikkende sociale conventies van zijn tijd, zocht Kerouac zijn heil in alcohol, drugs, spiritualiteit (boeddhisme) en reizen. Als mentor van de Amerikaanse jeugd in de jaren zestig overleed Kerouac in 1969 aan de gevolgen van zijn alcoholisme.

ON THE ROAD

DE BEPROEVINGEN VAN TWEE NON-CONFORMISTEN

- **Genre**: autobiografische roman
- **Referentie-uitgave:** Kerouac, J. (2003) *On the Road.* New York: Penguin Books.
- **Eerste uitgave**: 1957
- **Thema's**: reizen, Amerikaanse samenleving, vrijheid, marginaliteit, ontsnapping

On the Road (1957) vertelt over de wederwaardigheden van Dean Moriarty (Neal Cassady) en Sal Paradise (Kerouac zelf), twee jonge hedonistische contrariers, in het puriteinse Amerika van eind jaren veertig. Al liftend, per bus en per auto reizen ze door het land en beginnen ze aan een vage, hectische en soms mysterieuze zoektocht.

Deze autobiografische roman, die voor publicatie meerdere malen werd bewerkt, leverde de auteur een enorm succes op en wordt beschouwd als een van de meest representatieve werken van de Beat-generatie.

SAMENVATTING

HET BEGIN VAN EEN LANGE REIS

Sal Paradise, een levendige jonge student en leerling-schrijver, die bij zijn tante in New Jersey woont, droomt van reizen. Hij ontmoet een vreemde figuur uit het Westen, Dean Moriarty. De twee mannen zwerven filosoferend door de bars van New York en zijn van plan weer te ontmoeten in Denver.

In juli 1947, met slechts 50 dollar op zak, begint Sal aan een road trip om te ontsnappen aan de grauwheid van de stad en al haar conformiteit. Hij is op zoek naar een vrijer leven, dat minder onderhevig is aan de ketenen van de maatschappij. Zijn eerste reis is een mislukking, maar de volgende dag vertrekt hij opnieuw, vastbesloten om een tussenstop te maken in Denver, waar zijn vriend op hem wacht. Hij rijdt door Chicago, waar de bebop (muzikale trend die in de jaren veertig ontstond) in de bars hem in vervoering brengt. Hij lift afwisselend mee met chauffeurs, cowboys, rondtrekkende arbeiders en boeren.

In Denver verblijft Sal met zijn vriend Chad in het chique appartement van de ouders van zijn vriend Tim Gray.

Zijn vriend Carlo Marx, een brutale jonge student, belt Sal op en nodigt hem uit om mee te gaan. In een kelder vindt Sal Dean en Carlo bezig met hun nieuwe hobby: "proberen met absolute eerlijkheid en absolute volledigheid te communiceren" over alles wat door hun hoofd gaat, met behulp van

Benzedrine (een soort amfetamine, deel 2, hoofdstuk 7). Het trio en enkele vrienden brengen hun avonden feestend en pratend door.

Na een reis naar de oude mijnstad Central City besluit Sal de streek te verlaten, vergezeld van Rita Betencourt, een "eenvoudig en waarachtig" meisje, met wie hij een korte affaire had (Deel 1, Hoofdstuk 10), en naar San Francisco te reizen.

CALIFORNIË, VIRGINIA EN NEW YORK

Sal vindt zijn vriend Remi Boncoeur die in de buitenwijken van San Francisco woont en werkt als "speciale bewaker" (Deel 1, Hoofdstuk 11). De luiheid van Sal, die zijn dagen doorbrengt met "koffie drinken en scenario's krabbelen" voor Hollywood, wordt afgekeurd door Remi's vriendin. Daarom wordt hij gedwongen samen te werken met zijn vriend. Maar wanneer ze de kazerne van de passerende matrozen zouden moeten bewaken, drinken ze liever met hen en verlaten ze hun post. De sfeer bij Remi verslechtert en Sal besluit te vertrekken op dezelfde manier als hij aankwam: 's nachts en door het raam.

In een bus op weg naar Los Angeles wordt Sal verliefd op een mooi Mexicaans meisje, Terry. Ze brengen twee weken samen door. Ze proberen tevergeefs werk te vinden in Hollywood, zwerven samen langs wegen en in motels, en verblijven enige tijd in Sabinal bij Terry's familie.

Sal vindt werk als katoenplukker en lijkt een evenwicht te hebben bereikt. Maar na een laatste keer de liefde te hebben bedreven, verlaten hij en Terry elkaar zonder veel spijt. Sal hervat dan zijn reis. Hij sluit zich een tijdje aan bij een fascinerende zwerver ("the Ghost of Susquehanna", deel 1, hoofdstuk 14) en denkt na over de donkere wildheid van het Oosten door de geschiedenis heen, voordat hij terugkeert naar het huis van zijn tante.

Dean, die net in een opwelling zijn vrouw, zijn dochter en zijn baan heeft verlaten, voegt zich bij Sal in het huis van zijn broer in Virginia. Dean is een overtuigd hedonist (genotzoeker), die ook op zoek is naar meer vrijheid. Hij heeft een auto gekocht, keert terug naar zijn vroegere vriendin, Marylou, en reist nu door het land met haar en Ed Dunkel, een jeugdvriend die ook op de vlucht is voor zijn vrouw. De vrolijke groep helpt de broer van Sal bij zijn verhuizing en keert dan terug naar New York.

Na een kort verblijf, doorspekt met comazuipen, jazzconcerten en excessen, vertrekken ze naar New Orleans, waar ze Old Bull Lee ontmoeten, een mystieke opgeleide man, die echter wordt bevangen door zijn heroïneverslaving. Na een paar nachten van losbandigheid wordt hen duidelijk gemaakt dat ze niet kunnen blijven. Dean, Marylou en Sal gaan dan weer op pad.

In volle vaart reizend door Texas en vervolgens Californië vertelt Dean over zijn moeilijke jeugd met zijn alcoholistische vader, die hij in elke zwerver meent te herkennen. In San Francisco, wanneer hun geld op is, besluit Dean plotseling hen in de steek te laten om zich weer bij zijn vrouw, Camille, te voegen.

Sal en Marylou blijven een tijdje samen, voordat ook zij vertrekt. Sal, verbitterd en hongerig, vindt Camille en Dean, die een snelkookpanverkoper is geworden. Samen maken ze een mooie wandeling en gaan dan uit elkaar, denkend dat ze elkaar nooit meer zullen zien.

COLORADO, ILLINOIS EN NEW YORK

In de lente van 1949 keert Sal terug naar Denver, maar wordt daar eenzaam en depressief. Hij is niet meer dan een "gedesillusioneerde blanke man" (Deel 3, Hoofdstuk 1). Hij keert terug naar San Francisco waar Dean faalt in zijn rol als vader: hij rookt "thee", marihuana dus, tot het punt waarop hij gek wordt en wordt nog steeds verscheurd tussen Camille (met wie hij voortdurend ruzie maakt) en Marylou (die hij vraagt hem neer te schieten). De "twee gebroken helden van de Westerse nacht" (deel 3, hoofdstuk 3) zijn van plan naar Italië te vertrekken met het geld dat Sal heeft verdiend met de publicatie van zijn boek. Helaas komt hun droom niet uit. Na een paar avonden met hun oude vrienden vertrekken de twee naar New York.

Gestrand in Denver door een koppel dat hen niet langer kan uitstaan, maken ze ruzie en Dean breekt in tranen uit. De twee mannen, uitgeput, maken twee tussenstops.

Ze gaan naar het toeristenbureau met een gestolen auto en komen overeen een Cadillac vol studenten naar Chicago te brengen. Dean rijdt als een bezetene, zonder te slapen of het stuur over te geven, en ze bereiken hun bestemming in een mum van tijd (na een stop bij een ranch, slingerend van de weg en een trip naar het politiebureau).

Nadat ze de studenten hebben afgezet, brengen Dean en Sal de nacht door in bars in Chicago, drinkend en dansend. In de ochtend brengen ze de Cadillac in een slechte staat terug. Dan gaan ze verder tot in Detroit, overnachten in een bioscoop en liften naar New York. Dean ontmoet Inez, een "sexy brunette" (deel 3, hoofdstuk 11), die hij zwanger maakt en die zijn scheiding via de telefoon probeert te regelen met Camille, die net bevallen is.

In New York leidt Dean een eenvoudig en overzichtelijk leven: hij woont samen met Inez en werkt op een parkeerplaats. Op een nacht, terwijl hij nadenkt over het lot, de snelheid en het verstrijken van de tijd, zegt Dean dat ze misschien "in de blikken zullen kijken" (Deel 4, Hoofdstuk 1) en dat dat de ware vrijheid zou kunnen zijn. Sal vertrekt alleen naar Denver, waar hij enkele vrienden ontmoet, waaronder Tim Gray, Ed Dunkel en Shepard. Na een feestelijke week waarin de oude groep weer bij elkaar lijkt te zijn, besluiten Stan, Sal en Dean naar het zuiden te trekken, Mexico.

MEXICO EN NEW YORK

Ondanks het arme en vermoeide platteland voldoet Mexico aan hun verwachtingen. In Gregoria ontmoeten ze Victor die hen uitnodigt bij hem thuis, hen "thee" geeft en hen vervolgens meeneemt naar een bordeel. Met tegenzin verlaten de drie mannen de stad en zetten hun reis voort. Uiteindelijk bereiken ze Mexico, een wilde en fascinerende stad. Maar kort daarna wordt Sal ziek. Wanneer hij wakker wordt, is Stan weg en staat Dean op het punt hetzelfde te doen.

Sal keert in de herfst op een of andere manier terug naar New York. Daar ontmoet hij een meisje dat Laura heet. Ondertussen is Dean getrouwd met Inez, maar hij verlaat haar nog dezelfde nacht om zich bij Camille in San Francisco te voegen.

Op een dag, op weg naar huis, vindt Sal Dean die vernietigd en verslagen lijkt. Een tijdje later nodigt Remi Boncoeur (nu een "dikke en trieste" bourgeois, deel 5) Sal en Laura uit om een Duke Ellington concert bij te wonen, maar hij weigert Dean uit te nodigen. Dus laten ze hem verdrietig en alleen achter op een straathoek. Later mediteert Sal op een kade in New Jersey: hij denkt terug aan zijn reizen en denkt speciaal aan Dean Moriarty (die hij nooit heeft gezien) en zijn vader (die ze nooit hebben gevonden).

KARAKTERSTUDIE

SAL PARADISE (DE VERTELLER)

Achter dit pseudoniem verschuilt de auteur zich in deze auto-biografische roman. Sal is ook een afkorting van Salvatore ("de redder" in het Italiaans) en het Paradijs verwijst naar het idealisme van de held wanneer hij naar het Westen (en het Zuiden) vertrekt om een vrijer leven te zoeken (het verloren paradijs van zijn generatie).

Deze leerling-schrijver (die gemakkelijk Dostojevski, London, Steinbeck en Céline citeert) gaat samen met Dean op pad om te ontsnappen aan de saaiheid en conformiteit die hij in New York ziet (hij woont bij zijn tante in New Jersey). Net als Dean is hij een avonturier en levensgenieter die houdt van de nacht, reizen, feesten en nieuwe mensen ontmoeten, maar hij blijft voortdurend onder de excessen van zijn vriend (getuige bijvoorbeeld zijn verlegenheid tijdens zijn seksuele relaties met Marylou, of zijn relatief veilige rijgedrag). Passief en gedomineerd laat hij zich gewillig leiden door Dean, maar behoudt toch zijn kritische houding.

DEAN MORIARTY

Dit personage (rechtstreeks geïnspireerd door een vriend van Kerouac, Neal Cassady) vormt samen met Sal Paradise (de dubbelganger van de auteur) het hoofdduo in *On the Road*.

Dean, met zijn lange bakkebaarden (deel 1, hoofdstuk 1), systematisch bevlekte of gescheurde kleren en slordige uiterlijk, belichaamt de bad boy. Hij heeft een moeilijke jeugd gehad met een alcoholistische vader, daarna in een penitentiaire inrichting. Hij is een randfiguur met een neiging tot drinken en drugs, maar hij is niet echt gevaarlijk of gewelddadig.

Sal beschouwt hem als een mentor. Hij is hedonistisch, maar ook non-conformistisch, en een onwrikbare optimist (zijn motto is "Ja! Ja! Ja"). Hij is altijd op zoek naar nieuwe avonturen en vrijheid. Hij is ook een ontrouwe echtgenoot en een onverantwoordelijke vader. Verstoten door de meeste van zijn vrienden eindigt hij ellendig en alleen. De roman (en Kerouacs werk in het algemeen) viert dit soort marginaliteit echter voortdurend als een hogere graad van vrijheid. Dean belichaamt, meer dan waanzin of excentriciteit, een zekere heiligheid.

CARLO MARX

Zijn naam verwijst rechtstreeks naar Marx, met een knipoog naar de politieke overtuigingen van Allen Ginsberg (Amerikaans dichter en vriend van Kerouac, 1926-1997), maar doet ook denken aan de Marx Brothers. Als brutale student wijdt hij zich aan poëzie en filosofie. Hij blijft stiller en verwijderd van het hoofdduo.

 GOED OM TE WETEN: PERSONAGES 'À CLEF'

We spreken van een "roman à clef" (Frans voor "roman met een sleutel") en van personages à clef wanneer, zoals in *On*

the Road, de personages min of meer expliciet naar echte mensen verwijzen.

Karl Marx was een Duits filosoof, econoom en schrijver (1818-1883). Samen met Friedrich Engels ontwikkelde hij de theorie van het revolutionaire proletarische socialisme en schreef hij **Het Communistisch Manifest**. Hij bekritiseerde het kapitalisme en voorspelde de ineenstorting ervan. Tegenwoordig spreekt men van marxisme om de stroming te beschrijven die de ideeën van deze politicus volgde.

De Marx Brothers: dit waren Amerikaanse komische acteurs die tot in de jaren 1950 speelden voor film, televisie en theater. Groucho, Harpo, Chico, Gummo en Zeppo waren eigenlijk broers.

OLD BULL LEE (WILLIAM BURROUGHS)

Deze marginale academicus, een aanhanger van alle drugs, leidt een losbandig en contrastrijk leven (hij trouwde met een Joegoslavische gravin, was verdelger in Chicago, enz.) voordat hij zich met zijn vriendin (Jane) terugtrekt in New Orleans.

Hij wordt een mysticus en een heroïneverslaafde, en zoekt voortaan kennis via drugs. Zijn ambivalente naam is zowel een verwijzing naar een fictief indianenopperhoofd als naar een felle tegenstander van de bureaucratie in Washington tijdens de Amerikaanse Burgeroorlog (conflict over de Zwarte Kwestie, van 1861 tot 1865), generaal Lee.

REMI BONCOEUR

Remi Boncoeur (zijn echte naam is Henri Cru) is een jeugdvriend van Sal die in San Francisco is gaan wonen. Zijn traject weerspiegelt dat van veel andere personages in het boek: hij is een levensgenieter die avonturen zoekt om zich snel te "settelen". Hij trouwt met Ann Lee (die "een slechte tong" heeft en "uit een klein stadje in Oregon" komt, deel 1, hoofdstuk 11), voordat hij zijn tumultueuze leven opgeeft en een "dikke en trieste" burgerman wordt (deel 5).

DE VROUWEN

Sal en Dean ontmoeten veel vrouwen tijdens hun reis. Dit is ook een van de redenen waarom ze besluiten op reis te gaan. Hoewel terugkerend, spelen vrouwen toch een ondergeschikte rol die vaak als negatief wordt voorgesteld (door de verteller). Camille, Marylou en Inez bijvoorbeeld proberen Dean tevergeefs te normaliseren, en Sal kan niet anders dan hen zien als obstakels voor zijn avontuur.

Sal heeft verschillende affaires (Terry, het jonge Mexicaanse meisje, Babe Rawlins, "de pop uit het westen", Rita, een "eenvoudig en echt" meisje (deel 1, hoofdstuk 10), Marylou, Laura, enz.), maar weigert systematisch elke duurzame relatie. Zij worden over het algemeen (vanuit een zelfbewust, macho standpunt) beschouwd als lustobjecten en niet als interessante gesprekspartners. Toch zijn ze een essentieel onderdeel van de levensstijl die Sal en Dean opeisen.

ANALYSE

BEAT GENERATION, TEGENCULTUUR EN AMERIKAANSE SAMENLEVING

Beat Generation

De term "beat" verwijst naar de ontreddering van de jonge Amerikaanse generatie na de Tweede Wereldoorlog. Het verwijst ook naar ritme en puls, want de 'beatniks' waren grote fans van jazz.

De Beat Generation verwijst dus naar een literaire en culturele beweging die zich in de jaren vijftig en zestig in de Verenigde Staten ontwikkelde. De belangrijkste leden ervan (Kerouac, Burroughs, Ginsberg) gaven blijk van hun afwijzing van de industriële en McCarthyistische maatschappij, waartegen zij zich verzetten met spiritualiteit (zenboeddhisme), reizen en drugservaringen. Zij hebben de cultuur van de twintigste eeuw diepgaand beïnvloed.

 GOED OM TE WETEN: McCARTHYISME

Het McCarthyisme (genoemd naar de Amerikaanse senator Joseph McCarthy, 1908-1957) duidt op een politieke vervolging en het buitenspel zetten van iedereen die ervan verdacht werd communist te zijn in het Amerika van de jaren vijftig. Uitgevoerd in een klimaat van psychose, in de context van de Koude Oorlog (1945-1990), werd het een echte "heksenjacht".

Een kritiek op de maatschappij

In zijn roman is Kerouac bezig met een voortdurende kritiek op de Amerikaanse naoorlogse samenleving. Het is geen systematisch betoog, maar verspreide portretten, beschrijvingen en bespiegelingen bij het tegenkomen van nieuwe steden, situaties en mensen. Sal en Dean benadrukken:

- De domheid en arrogantie van de politie, evenals de grenzen en gevaren van het militarisme (de roman roept namelijk de uitvinding van de waterstofbom op, deel 4, hoofdstuk 6);

- De illusie van geluk en welzijn in de beschaving en het gevoel te behoren tot een "geschroefde generatie";

- Het puritanisme, het dwaze conformisme, en de zelfgenoegzaamheid van de middenklasse ("de absurde apparaten die zij was gevallen om haar trotse traditie in stand te houden", deel 1, hoofdstuk 4), de collegialen en de bourgeoisie;

- De verveling die inherent is aan een individualistische, materialistische, hyper-veilige, gestandaardiseerde en betekenisloze manier van leven;

- De kilte en negativiteit van de Oostkust intellectuelen;

- Het racisme tegen zwarten (vaak gedegradeerd tot lagere functies) en de Mexicanen, evenals het groeiende McCarthyisme;

- De wrede ongelijkheden die zich brutaal manifesteren in grote steden.

Tegencultuur

Kerouac, relatief gedesillusioneerd ten opzichte van de geschiedenis en de evolutie van de maatschappij, verdedigt eerder kleinere utopieën dan een anti-conformistische manier van leven en denken. Deze levensstijl wordt gekenmerkt door:

- De absolute honger naar vrijheid die soms groeit tot het negeren van de wet (te hard rijden, dronken rijden, autodiefstal, drugsgebruik, enzovoort). Het is dus een vorm van anarchisme, hoewel geen activisme;

- De afwijzing van de Amerikaanse droom, deze dubbele illusie van het geloof dat de accumulatie van materiële goederen noodzakelijkerwijs zal leiden tot geluk en dat, ongeacht sociale achtergrond of huidskleur, we allemaal de top van de sociale piramide kunnen bereiken;

- Een open geest en grenzeloze nieuwsgierigheid;

- Een cultus van marginaliteit en een zekere waanzin als directe reactie op het castrerende conformisme, en de aantrekkingskracht op marginalen (met name zwervers) en minderheden;

- Een onwrikbaar optimisme, warm en gul, dat elke tegenslag aankan;

- Hartstochtelijk hedonisme (goed eten, drinken, drugs gebruiken, feesten, dansen, lachen, seksueel genot, genieten van elk moment, zelfs grenzend aan overdaad);

- Een voortdurend escapisme (door onophoudelijk reizen, alcohol en drugs) aan de dagelijkse realiteit en de bevroren blik die "normaliteit" oplegt.

Deze keuzes van levensstijl zijn duidelijk niet veilig. Aan het eind van de roman lijkt Sal gedesoriënteerd en verbitterd, zakt Old Bull Lee weg in zijn verslaving, en is Dean, voortijdig bejaard, door iedereen afgewezen en voorbestemd tot een leven van zwerven en ellende, maar zonder de energie of het optimisme van de jeugd. Sommige schrijvers van de Beat Generation (o.a. Kerouac en Ginsberg) hebben dit soort epiloog zelf meegemaakt.

STROOM, BEWEGING EN SNELHEIDSPOËZIE

De reis van Sal en Dean, ook al kan deze worden onderverdeeld in verschillende reizen en gaan ze niet altijd in dezelfde richting, geeft de indruk van één enkele stroom van gebeurtenissen, gesymboliseerd door de weg. Ze vergelijken de weg ook expliciet met het menselijk lot. Bovendien passeren de hoofdpersonen herhaaldelijk dezelfde locaties (met name Denver), alsof hun beweging cyclisch is.

Dean is letterlijk geobsedeerd door het idee van beweging. Onderweg, zoals in het leven, wil hij nooit stoppen, en in plaats van snelheid (een kenmerkende waarde van het moderne leven in het Westen) zoekt Dean naar een adequaat tempo voor de gebeurtenissen. Hij vindt de uitdrukking van dit tempo in de muziek van de Afro-Amerikaanse jazzmuzikanten en ontwikkelt zijn theorie van de "IT". De "IT" is in zekere zin wat elke muzikant zoekt, het precieze en heilige moment waarop de solist het beste van zichzelf kan kristalliseren in gemeenschap met het aandachtig luisterende publiek, en beseft dat er iets ondefinieerbaars en magisch gebeurt. Kerouac interpreteert de term 'beatnik' ook zo: 'beat' wordt 'erbij zijn', 'erbij zijn', het 'erbij hebben', aldus Bernard Nouis.

Deze belangstelling voor beweging neemt in het schrijven verschillende vormen aan.

Materiële steun

Oorspronkelijk had *On the Road de* vorm van een doorlopende rol papier van 35 meter lang, zonder onderverdelingen (hoofdstukken of delen) en met minimale interpunctie. De auteur beweert het in drie weken te hebben uitgetypt, in één keer (Kerouac heeft de tekst dus verschillende keren moeten herschrijven voordat het werd gepubliceerd). Het idee van een continue stroom vinden we dus terug in het fysieke medium van het werk.

Narratie

De verteller leidt de lezer in een stroom van woorden: beschouwingen, portretten, biografieën, anekdotes en verslagen blijven komen, vermengen zich en verwijzen naar elkaar als de bewegende gedachten van een man, als zijn associaties van ideeën.

Het is niet strikt een innerlijke monoloog (aangezien de verteller verhalen van andere personages opneemt, en aangezien hij afstand neemt van het verhaal door op bepaalde gebeurtenissen vooruit te lopen of erop terug te kijken). Maar de verschillende sequenties, overladen met gebeurtenissen, resulteren in een reeks relatief korte, meestal naast elkaar geplaatste en ongecoördineerde zinnen:

> *"We haastten ons terug naar onze mijnwerkershut. Alles was in voorberei-ding voor het grote feest. De meisjes, Babe en Betty, kookten een snack van bonen en worst, en toen dansten we en begonnen aan het bier voor de ker-mis. Na de opera kwamen grote menigten jonge meisjes naar ons huis. Rawlins en Tim en ik likten onze lippen af. We pakten ze vast en dansten. Er was geen muziek, alleen dansen. De zaal liep vol. Mensen begonnen flessen te brengen. We haastten ons naar buiten om naar de bars te gaan en haast-ten ons terug. De nacht werd steeds hectischer. Ik wou dat Dean en Carlo er waren, maar ik besefte dat ze niet op hun plaats zouden zijn. Ze waren als de man met de kerkersteen en de somberheid, opkomend uit de under-ground, de smerige hipsters van Amerika, een nieuwe beatgeneratie waar ik me langzaam bij aansloot"* (Deel 1, Hoofdstuk 9).

De manier waarop Dean zich uitdrukt (soms in directe spraak) is ook veelzeggend en accentueert de hierboven beschreven indruk van snelheid en gedachtewisseling:

> *"Waarom, Sa-a-al!' zei Dean. 'Welnu-ah-ahem-ja, natuurlijk, je bent aange-komen-je oude klootzak die je eindelijk op die oude weg hebt gekregen. Welnu, kijk hier- we moeten- ja, ja, meteen- we moeten, we moeten echt! Nu Camille-' En hij wervelde op haar. 'Sal is hier, dit is mijn oude vriend uit New Yor-r-k, dit is zijn eerste nacht in Denver en het is absoluut noodzakelijk voor mij om hem mee uit te nemen en hem te koppelen aan een meisje'"* (Deel 1, Hoofdstuk 7).

Ellips

Andere formele gebeurtenissen worden gebruikt om deze indruk van snelheid te wekken, zoals ellipsen (time hopping).

Rond de begrippen stroom, beweging en snelheid lijkt Kerouac op de meest passende en nauwkeurige wijze een gelukkige en intense periode van zijn leven te hebben willen uitdrukken.

VERDERE REFLECTIE

ENKELE VRAGEN OM OVER NA TE DENKEN...

- Sommige personages in de roman zijn 'characters à clef'. Leg uit wat dit betekent.

- Hoe worden vrouwen vertegenwoordigd in de roman? Bent u het eens met dit perspectief?

- Wat kenmerkt de Beat Generation? Hoe zijn de personages in de roman representatief voor deze generatie?

- Wat bekritiseert Kerouac in zijn werk?

- Is Kerouac volgens jou een revolutionair? Wil hij de samenleving verbeteren? Motiveer je antwoord.

- Hebben de personages in de roman een doel in hun leven? Waar zijn ze naar op zoek?

- Wat symboliseert de weg?

- Waarom publiceerde de auteur zijn werk volgens u eerst in de vorm van een 35 meter lange rol papier?

- Hoe kunnen we Kerouacs interesse in beweging en snelheid verklaren?

VERDER LEZEN

REFERENTIE-UITGAVE

Kerouac, J. (2003) *On the Road.* New York: Penguin Books.

AANPASSINGEN

On the Road. (2002) [Film]. Walter Salles. Dir.

On the Road. (2005) [Radio drama]. Christine Bernard-Sugy. Dir.

*We horen graag van jou! Laat
een reactie achter op jouw online bibliotheek
en deel je favoriete boeken op social media!*

Waarom kiezen voor Must Read?

Kom alles te weten over een boek met onze beknopte en diepgaande samenvattingen en analyses!

Ontdek het beste uit de literatuur in een compleet nieuw licht!

De uitgever garandeert de betrouwbaarheid van de gepubliceerde informatie, die echter niet onder zijn verantwoordelijkheid valt.